西湖丛书编纂指导委员会

【西湖丛书】

西湖造像

主编　劳伯敏　高念华
摄影　徐　彬

总 序

杭州倚湖而兴，因湖而名，以湖为魂。作为《西湖丛书》的主要组成部分，我们编撰了这套图文并茂、雅俗共赏的《西湖全书》。她和《西湖通史》、《西湖文献集成》共同构筑了一个蕴藏几乎全部西湖瑰宝的陈列馆，一个供人全面深入了解、研究西湖的开放型阅览室。如果说《西湖通史》是一部叙述几千年西湖历史踪迹的大气磅礴的巨片，《西湖文献集成》是一部全景式立体演绎西湖景物的引人入胜的连续剧，《西湖全书》收辑的一册册小书，则是为人们呈上的一杯杯芳香浓溢的醇醪。我们邀来各界专家，用精雕细镂和蒙太奇的手法，对西湖进行多角度、全方位的特写和定格切换。这种特写和定格，对人们更深入、更真切、更全面地了解西湖是不可或缺的。通过这种分镜头的解读，读者将更深地吟味到西湖无穷无尽的魅力！

西湖，的确是一颗永远散发着无穷无尽魅力的熠熠闪光的明珠！这颗明珠，会随着不同季节、不同时空、不同场景、不同时代，以气象万千、仪态万方的意境，完美无瑕地呈现在人们面前，诚如大诗人苏轼所赞颂的“欲把西湖比西子，淡妆浓抹总相宜”。她有时是一首优美抒情的绝句，有时却是一章气势恢弘的排律；她有时是一阕音律悠扬的小夜曲，有时却是一部雄浛壮采的交响乐；她有时是一尺清供小品，有时却是一轴浓墨重彩的山水画。她是多棱镜，她是万花筒，总是令人目不暇接，妙趣横生！她的美，她的趣，既源于远古至今大自然对杭州的特意垂青，又源于千百年来仁人志士、骚人墨客对杭州刻骨铭心的依恋。正是这两者完美和谐、天衣无缝的结合，才使西子姑娘的一步一趋、一颦一笑，无不散发出普天下难有其匹的美丽！因此，除了全景式的《西湖通史》和《西湖文献集成》外，没有《西湖全书》这样一种散射式的描述，西湖的风姿、西湖的风韵，乃至西湖的风骨、西湖的风流，是很难想像会得到全面、深刻的反映！所以，无论是六桥花柳，还是三竺云岚；无论是灵隐古刹，还是岳王祠庙；无论是汩汩清泉，还是巍巍宝塔；无论是龙井的茶韵，还是曲院的荷香，以及飞来峰的造像、岁寒岩的碑刻；白居易、林和靖、苏东坡的湖畔杖履；北山街、杨公堤、文澜阁的历史呼唤；西泠印社 、胡庆余堂；诗词曲赋、花木园林；尘封久远的老照片、容光焕发的新景区；风俗、佳肴、织锦、书画……凡是西湖的沧桑，凡是西湖的传说，凡是西湖的风光，凡是西湖的人文，无不是我们搜罗编撰的对象，无不是我们要呈现给读者的内容。

《西湖全书》目前暂定50个选题，正陆续组织撰写付梓。虽然我们自认为已勤勉努力，但这套丛书是否已臻“图文并茂、雅俗共赏”的初衷，还得恳请读者们多提宝贵意见。西湖美的探索、西湖文化的追寻，是要求人们献上毕生精力的，是个弥久常新的课题。我们当继续焚膏继晷，裨使这套丛书编辑得更好。

是为序。

2004年9月

目录

序

杭州之美，美在西湖。而西湖之美，不仅在湖，也在于山。环绕西湖周围的山，西南有南高峰、烟霞岭、龙山、将台山、慈云岭、凤凰山、南屏山、吴山等等，总称南山。北面有北高峰、灵隐山、飞来峰、栖霞岭、宝石山等等，总称北山。它们像众星拱月一样，湖山映衬，加之人文景观的衬托使西湖这颗明珠显得更加美丽。不仅如此，更为可贵的是这些群山深处，还深藏着烟霞洞、水乐洞、石屋洞、青林洞、玉乳洞、龙泓洞、呼猿洞等等洞壑。在群山凝翠的崖石上以及幽深的洞壑里，嵌镶着数不清的石刻造像。除此以外，在西湖沿岸还有闸口白塔、灵隐双塔、慧理石塔、香积寺塔、西泠印社华严经塔等等石塔，以及龙兴寺经幢、梵天寺经幢、灵隐双石幢等等经幢，其上也有石刻造像，时代从五代吴越国一直延至明、清和民国。参与舍钱造像的不仅有五代吴越国的王室贵族和中下级军官，北宋中期的杭州平民，南宋初年的太监内侍，甚至还有元朝的蒙藏高级僧侣和汉族退役将军。他们之间贫富相差悬殊，宗教信仰也不相同。因此，这些石刻造像中，既有佛教造像，又有道教造像，大小有别，风格多样，题材广泛，内涵丰富。尤其是飞来峰，不仅有汉族地区十分常见的显教造像，而且还有仅见于西藏、尼泊尔一带的密宗梵式造像，使这里成为全国唯一的集汉、藏两大民族不同艺术风格的石窟造像群。

西湖更因众多的历史人物而增辉生色，岳飞、于谦、张苍水等等我国历史上著名的民族英雄都埋骨于此，在他们墓前的神道两侧，都有成排的石翁仲和石象生，象征他们的光辉业绩和浩然正气，将和美丽的西湖及其周围的群山一样，万古长青。

本书将以通俗的形式，对上述石刻文物分类作些知识性的介绍。

龙兴经幢开唐风

——唐、五代吴越国时期经幢上的石刻造像

经幢又称金幢、宝幢，简称幢，是随佛教传入我国的。它本是佛教寺院中立于佛像前方的柱状法器，其原始的形态应是用宝珠丝帛装饰的竿柱，以流苏的晃动表示“藉表麾群生、制魔众”的宗教意义。以后为永久计，改为石质，形制略似小塔。通常为八角形石柱，上刻《陀罗尼经》于幢上，根据不

龙兴寺经幢远景

龙兴寺经幢近景　唐开成二年（837）

龙兴寺经幢上的石刻造像　唐开成二年（837）

同经幢的规模和形制，分别覆以石质八角屋顶，其上再置一石质圆珠，象征摩尼宝珠的顶，及其雕凿山花焦叶、伽陵宾伽、如意云纹、屋盖等等，建于寺庙大殿的前方。

这种石质经幢在我国出现大约在唐代初年。兀立于杭州延安路与凤起路交界口、原龙兴寺遗址内的龙兴寺经幢，建于唐开成二年（837），不仅是杭州，也是浙江省现存最早的石质经幢，通高约4.2米，由须弥座、盘石、幢身、腰檐、短柱、上檐、宝幢顶相叠而成。在短柱上雕有四佛、八胁侍菩萨、四金刚力士，共造像16尊。其下的须弥基座的每转角上，采用高浮雕的手法，雕刻八尊托重力士。这些唐代雕凿的造像力士浑身发达的肌肉，呈现出刚强而暴躁的性格，充满雄

梵天寺经幢　北宋乾德三年（965）

梵天寺经幢上的石刻造像　北宋乾德三年（965）

梵天寺经幢上的石刻造像　北宋乾德三年（965）

灵隐寺的东经幢　北宋开宝二年（969）

灵隐寺的西经幢　北宋开宝二年（969）

灵隐经幢上的石刻造像　北宋开宝二年（969）

强和向外迸发的力量，并进行了适当的艺术夸张，用各种不同的姿势表现，显示了承托须弥山的动作。而每尊造像虽然姿态各异，但气质上都十分丰满，具有浓厚的唐风。

位于杭州凤凰山东麓原梵天寺遗址上的梵天寺经幢，共有南、北两座，相距13米，高15.76米，是浙江省现存经幢中最高的两座。幢身上刻建幢记，末尾题“乾德三年（965）乙丑岁六月庚子朔十五甲寅日立，天下大元帅吴越国王钱弘俶建”。除幢身华盖的下部浮雕伽陵宾伽以外，在每层短柱上的壶门式壁龛内，都雕刻佛像和佛传故事，佛像容相秀丽，造型生动。

位于灵隐寺天王殿东西侧的灵隐双经幢，宋开宝二年(969)吴越国王钱弘俶建，原立于城西钱氏家庙奉先寺内。吴越国纳土后，奉先寺废。宋景祐二年（1035），灵隐寺住持延珊迁建于此。短柱上的壶门式壁龛内，也雕刻着佛像和佛传故事，尤其是盘石上雕刻的伽陵宾伽，形象极其生动。

钱王永镇白塔岭

——五代吴越国时期石塔上的石刻造像

高耸在西湖沿岸群山上的塔，秀丽挺拔，与湖山映衬，相得益彰，是西湖风景线上一个突出的标志。

塔，源于印度，梵文称窣堵坡，原意

灵隐双塔上的石刻造像　北宋建隆元年（960）

灵隐双塔中的东塔，北宋建隆元年（960）

灵隐双塔上的石刻造像　北宋建隆元年（960）

灵隐双塔上的石刻造像　北宋建隆元年（960）

灵隐双塔上的石刻造像　北宋建隆元年（960）

灵隐双塔上的石刻造像　北宋建隆元年（960）

灵隐双塔上的石刻造像　北宋建隆元年（960）

灵隐双塔上的石刻造像　北宋建隆元年（960）

灵隐双塔上的石刻造像　北宋建隆元年（960）

灵隐双塔上的石刻造像　北宋建隆元年（960）

灵隐双塔的西塔　北宋建隆元年（960）

灵隐双塔上的石刻造像
北宋建隆元年（960）

闸口白塔

闸口白塔上的石刻造像　五代吴越国

是坟冢、园丘，是埋葬佛祖释迦牟尼火化后留下的舍利的一种佛教建筑，东汉初年随佛教而传入中国，永平十一年（68）在洛阳白马寺中，建造了中国第一座佛塔。

我国自东汉、南北朝至隋朝，塔的结构多是木制的。这种塔虽然具有抗震能力强以及便于登临远眺的特点，但也有其致命的弱点，这就是防火性能差，一旦遭受火灾，便无法扑救。为了使建成的塔更耐久、更高大，从唐代开始，建筑师们逐渐改用砖头或石块造塔。形式以楼阁式塔数量最多，尤其在南方更是如此。

五代时，杭州为吴越国首府。吴越国创始人钱镠十分崇佛。当钱镠尚未发迹时，高僧洪湮就告诉他："他日成霸吴越，尚须护持佛法。"并劝他："好自爱，他日贵极，当以佛法为主。"景福二年（893），唐昭宗应钱镠之奏，赐号洪湮为"法济大师"。当钱镠临终时，还告诉其子元瓘："吾昔自径山法济（即洪湮）示吾霸业，自此发迹，建国立功！故吾常厚顾此山焉！他日汝等无废吾志！"钱镠的后继诸王都能秉承其遗愿，奉行"信佛顺天"的宗旨，颂信佛教。闸口白塔和灵隐双塔都是当时吴越国时期建造的遗物。

灵隐双塔位于灵隐寺大雄宝殿前露台的两侧，北宋建隆元年（960），吴越国王钱弘俶建。两塔结构相同，东西对称，相距42米，皆共9层，高11米，用石料仿木构的楼阁式塔，每层8面，其中4面不分间，其上浮雕佛、菩萨和佛教故事等内容。

闸口白塔耸立在钱塘江边闸口的白塔岭上，也是吴越国

王钱弘俶时期建造的仿楼阁式石塔，尤其是白塔用白石建造，仿木构楼阁式塔的形式雕刻。外观八面九层，逐层收分，比例适度，出檐深远，起翘舒缓，轮廓挺拔秀丽。她是现存五代吴越国末期仿木构建筑最精美、最真实、最典型的一座，具有很高的文物价值和研究价值。

白塔上的石刻造像非常精美，雕凿佛、菩萨和经变故事，形象十分生动。

西南一铺三尊。最前面的一尊像，高24厘米，大耳，圆脸，两腮养须，慈祥端庄，头戴官帽，帽上刻有“王”字，帽前有凹凸线条并刻有花纹，身着大袖双襟宽衣，双手置胸前，手握一笏。身后刻龙，龙嘴略张，龙面朝前。其后为两童像，高19厘米，一童双手置胸前执拂尘，另一童子右手弯曲至胸前，两指夹拿一荷花，左手置脐部，两童均立云中面带微笑，轻松如意。

从资料看，这铺造像的前尊，身穿大袖宽身的袍服，这种男子服饰是唐末五代时尤其是江南一带很为流行的风格。“笏”是古代有一定身份的官仕朝见时方能捧握的一种器物，这可以在不少古代绘画和敦煌壁画等有关资料上见到。如敦煌莫高窟第108窟（五代）的那几个人物，他们头戴硬角的幞头，穿圆领大袖汉装，手里拿着笏板。《隋书·礼仪志》载：“笏……晋、宋以来，谓之手板，此乃不经，今还谓之笏，以法古名。自西魏以降，五品以上，通用象牙，六品以下，兼用竹木。”《旧唐书·舆服志》载：“五品以上执象笏。三品以下前挫后直，五品以上前拙后屈。自有唐以来，一例上圆下方，曾不分别，六品以下，执竹木为笏，上挫下方。”笏象征着官阶和权力。造像中这一男子双手握笏，并在官帽上刻有“王”字，看来这应是当时最高的品位了。五代吴越国最高统治者称“王”，“天下大元帅”，吴越国首府能享受“王”的待遇，该是吴越国王了。

等级森严佛世界

——排列有序的石刻造像

佛教徒们认为，制作佛像并让信徒们供奉和礼拜，使大家在佛像前观想佛的庄严以及佛教教义的深奥和玄妙，有利自己的宗教修习实践，是一件功德无量的善举。在这种思潮的推动下，佛教徒们便用泥塑、石刻等方法，在寺院的大殿里以及周边的崖石上，制作了数量繁多、形式各异的佛像，形象地表现佛的世界。

所谓佛像，有狭义和广义两种说法。狭义的佛像专指螺发、肉髻、身披袈裟的释迦佛以及和释迦佛同样装饰的阿弥陀佛、药师佛等佛像。而广义的佛像还包括菩萨、佛母、明王、罗汉、诸天、鬼神等等。这些佛教世界的成员，在西湖沿岸的石刻造像中，大多能够找到他们的形象。

在西湖沿岸的石刻造像中，除了单尊的佛、菩萨、佛母、罗汉等造像外，

慈云岭造像弥陀龛及龛楣七佛浮雕　五代吴越国

天龙寺　五代吴越国

还有一些组合造像。这些组合造像，又可分为无本尊的组合造像和有本尊的组合造像两大类。无本尊的组合造像，例如飞来峰造像28龛六祖像、17龛和24龛十八罗汉像，烟霞洞造像十六罗汉像等等。同一龛内的造像之间，既无主次之分，也无大小之别，造像数目多呈双数。有本尊的造像除个别例外，如飞来峰造像35龛菩萨坐像和金刚立像一组二尊，极大多数都呈单数，本尊不仅位居正中，而且形象也特别高大，其余造像环绕本尊排列，其形象也根据其在佛教世界中的地位而逐渐缩小，主次分明，等级森严。有一佛二菩萨，或一菩萨一金刚一童子，或一菩萨二胁侍，或一高僧二弟子共三尊一组的；有一佛二弟子二菩萨二天王七尊再加二浮雕飞天共九尊一组，或者一佛母二胁侍四金刚二伎乐天共九尊一组；有布袋弥勒和十八罗汉共十九尊一组的，等等。数量最多的

天龙寺造像弥勒龛　五代吴越国

飞来峰造像尊胜佛母龛　元代

飞来峰造像卢舍那佛会浮雕
北宋乾兴元年（1022）

当推慈云岭造像的弥陀龛，有一佛、二菩萨坐像三尊、二供养菩萨、二天王立像四尊，再加龛楣浮雕造像十一尊，龛壁浮雕造像四尊，大小造像共计二十多尊。

道教造像多数也作一龛一尊，通玄观造像中的南宋三茅真君像一龛三尊，和佛教造像的一佛二菩萨类似。略有区别的是大茅君茅盈位于正中，虽居本尊的位置，但其形象却和左右两侧的中茅君茅固、小茅君茅衷等大，且皆作站姿。

释迦佛和三身佛

——释迦佛、卢舍那佛、毗卢遮那佛造像

释迦牟尼佛简称释迦佛，在石刻造像中是一种比较常见的佛像，其原型释迦牟尼在世界古代史上是一位真实的历史人物。

释迦牟尼是佛教的创始人。据史书记载，他是公元前6世纪后期，印度迦毗罗卫国（现在尼泊尔境内）释迦部落净饭王的儿子，俗姓乔达摩，名悉达多。他看到当时动荡的社会以及人们由于自然和生理原因引起的生老病死等种种痛苦和烦恼，引起很多感触和深思，并萌发出家修行、寻求解脱的念头。于是，他就抛弃了王位，离开了家庭，战胜了清贫以及来自各方面的烦恼和干扰，终于彻悟了人生无尽苦恼的根源和解脱轮回的方法。人们认为他是一个觉行圆满的觉悟者，即“佛”，并尊称他为“释迦牟尼”，意即释迦族的圣人，并把他创造的宗教称为佛教，

飞来峰造像第3龛毗卢遮那佛坐像 元至元十九年(1282)

飞来峰造像第36龛释迦佛立像　元代

飞来峰造像第 39 龛释迦佛立像　元代

飞来峰造像66龛宝冠释迦佛坐像　元代

飞来峰造像第37龛释迦佛坐像　元代

飞来峰造像第43龛释迦佛坐像　元代

飞来峰造像第 82 龛释迦佛坐像　元代

飞来峰造像第83龛释迦佛坐像　元代

宝石山“华严三圣”石像（老照片）

亦称释教。

释迦牟尼去世后，佛教徒们为了纪念他，造了许多佛像供奉礼拜。这些佛像的头部皆有螺发和肉髻，双耳垂肩，眉目修长，双眼微睁，眉间有白毫，项上有三道……身披袈裟或佛衣，身后有身光和头光。

根据大乘佛教的教义，认为成佛以后的释迦牟尼，在不同情况下，具有法身、报身、应身三种不同的身份和性质，即所谓“三身佛”之说。代表佛法的绝对真理，是为法身，称毗卢遮那佛；表示征得绝对真理的最高智慧，是为报身，称卢舍那佛；随缘应变，教化众生，是为应身，称释迦牟尼佛。

在西湖边的飞来峰造像中，不仅应身释迦牟尼佛多次出现，第 5 龛北宋乾兴元年（1022）卢舍那佛会浮雕中，其本尊为报身卢舍那佛。第3龛元代至元十九年（1282）“华严三圣”坐像其本尊为法身毗卢遮那佛。这尊毗卢遮那佛和第66龛元代宝冠释迦佛坐像，都作菩萨装，他们都是西藏密宗造像。

阿弥陀佛和千佛

——阿弥陀佛以及千佛、宝生佛和原始佛造像

佛教造像的大量出现，与大乘佛教的发展有密切关系。大约在公元1世纪前后，在印度北部的一些佛教教团中产生一股革新的潮流，在教义、教理和经典等各方面都与传统佛教派别产生矛盾，形成两个大的佛教派别，晚起的革新派教徒自称为“大乘”佛教，而把那些信奉早期传统教义的僧团一概贬之为“小乘”。

紫云洞“云根净土”题刻和“西方三圣”石像（老照片）

飞来峰造像10龛，西方三圣坐像　后周广顺元年（951）

飞来峰造像第2龛，西方三圣坐像　五代吴越国

飞来峰造像第 89 龛，无量寿佛坐像　元至元二十六年（1289）

飞来峰造像第 99 龛，无量寿佛文殊菩萨救度佛母　元至元二十九年(1292)

飞来峰造像第 59 龛，阿弥陀佛观世音，大势至菩萨
元至元二十□年(1284—1292)

飞来峰造像第57龛，无量寿佛　元至元二十八年(1291)

飞来峰造像第41龛，宝生佛　元代

飞来峰造像第55龛，大持金刚　元代

大乘佛教认为自己修行的目标是普渡众生，并认为凡是觉行圆满的觉悟者，都可以成佛。因此，不仅仅教主释迦牟尼是佛，在过去未来，上下四维，三世十方，还有无数个佛，在教化众生。在这些佛的周围还有无数个协同佛说法的菩萨、守卫佛法的天神以及弟子，等等。因此，这些造像很快就流行起来，除了石刻造像中的千佛外，在石窟、寺庙、石塔和经幢上还有七佛和（竖）三世佛，表示不同时间出现的佛。四佛、密宗五方佛以及（横）三世佛，都是表示不同空间存在的佛，等等。

在西湖沿岸的石刻造像中，除了释迦牟尼佛以外，阿弥陀佛也十分常见，阿弥陀佛又称“无量寿佛”、“无量光佛”等等，他是西方极乐世界的教主。因此，不仅在佛教中他是四佛之一，也是（横）三世佛之一。他的左胁侍是观世音菩萨，右胁侍是大势至菩萨，三者合称“陀弥陀三尊”或“西方三圣”。在慈云岭、天龙寺、飞来峰等处都有这种造像，或作一佛二菩萨的形式出现，也有作单尊出现的。

除此以外，在西湖沿岸，根据大乘佛教教义雕凿出来的佛教造像还有石龙洞造像千佛龛，龛呈壶门状，共雕小坐佛31排，共千余尊，惜已风化。

慈云岭造像弥陀龛龛楣有七佛浮雕。七佛指释迦牟尼及其以前六佛，即毗婆尸佛、尸弃佛、毗舍婆佛、拘楼孙佛、拘那含佛、迦叶佛，通称“过去七佛”。飞来峰造像第41龛为宝生佛坐像。宝生佛是南方欢喜世界的教主，是密宗五方佛之一，又名平等金刚。其职能是管理一切财宝，摩尼珠是宝生佛的标识，这是一龛元代梵式藏传佛像。飞来峰造像第55龛为大持金刚坐像。大持金刚又称本初佛，西藏密宗认为是佛以前的原始佛。

弥勒成佛继释迦

——弥勒佛造像

“弥勒”是梵名音译的简称，意译为慈氏，这是他的名。据佛教的说法，弥勒出生于古印度一个婆罗门家庭，常怀慈悲之心，故以“慈氏”为名。他曾随释迦出家，修习佛法，惜先于释迦圆寂。释迦预言他逝后将上生兜率天宫，与诸天演说佛法，直到释迦灭度后五十六亿七千万年时，又从兜率天宫来到人间，降生到一个名叫修梵摩的大臣家中，和释迦牟尼一样，降生、出家、成道、说法，继释迦牟尼成佛后，亦将在华林园龙华树下说法三次，广渡众生。

《法华经》称弥勒、文殊、普贤、观音为四大菩萨。

在我国，弥勒信仰很早就已流行，民间称他为弥勒佛，得到普遍信奉。弥勒的形象有菩萨形和佛形两种。菩萨形是根据《弥勒上生经》的记载，表现弥勒菩萨上生兜率天宫，头戴花蔓冠，身

飞来峰造像第19龛下生弥勒佛坐像　北宋

飞来峰造像第42龛弥勒佛坐像　元代

着菩萨装，为诸天说法并等待下生的情景。佛形是根据《弥勒下生经》的记载，下生娑婆世界，继承释迦成佛的形象。

西湖沿岸，在天龙寺造像和飞来峰造像中都有弥勒的形象，并且都作佛形，其与佛的区别是，佛的坐法皆为结跏趺坐，而弥勒佛的坐法为双脚下垂，即善跏趺坐式。

五台道场话文殊
——文殊菩萨造像

大乘佛教经典中经常出现许多菩萨，菩萨是梵语菩提萨垂的简称，意译为“觉有情”或“大士”。其职能主要是协助佛传播佛法，普渡众生，因此，其地位仅次于佛。

佛教传入中国后，这种菩萨信仰十分符合中国民众的心理，因此，很快得到传播。中国的佛教信徒们还通过种种比附，把五台山、峨眉山、普陀山、九华山分别说成是文殊、普贤、观音、地藏四大菩萨的说法道场，形成中国佛教的四大名山。

文殊菩萨全称文殊师利，意为妙德、吉祥。据《佛说文殊陀罗尼经》等有关佛经记载，文殊生于古印度的一个婆罗门家庭，后随释迦佛出家。释迦灭度后，他云游到南赡部洲大振那国（指中国），大振那国的东北有一座大山，山有五峰，因此称为五顶山，这里气候凉

慈云岭造像弥陀龛龛楣的文殊骑狮浮雕　五代吴越国

爽，又称清凉山，文殊菩萨住在这里，常给一万弟子演说佛法。中国的佛教信徒们认为山西省的五台山，就是佛经中所说的“大振那”国的五顶山，因此，这里作为文殊菩萨说法的道场。尤其到唐朝初年，李渊从太原起兵而得天下，成为唐朝的开国皇帝，他把太原府境内的五台山看成“龙兴之地”，便大修五台寺庙，使这里成了佛教圣地。

在大乘佛教中，文殊菩萨被认为是众菩萨之首，有很高

飞来峰第3龛文殊菩萨坐像

飞来峰造像第99龛文殊菩萨坐像　元至元二十六年（1289）

飞来峰造像第 67 龛文殊菩萨坐像　元代

飞来峰第5龛卢舍那佛会的文殊骑狮浮雕
北宋乾兴元年（1022）

的地位，他是智慧的化身，经常协同释迦佛宣说佛法，教化众生。在《维摩诘经》中，他曾受释迦佛派遣，代表释迦佛率领弟子们前去探望病中的维摩诘，并与他反复讨论大乘佛教的教义，宣说大乘佛教的玄理。

在石刻造像中，文殊菩萨象征智慧，常常与象征真理的普贤菩萨一起，作为释迦佛的左右胁侍，结跏趺坐于释迦佛的身边。

在西湖沿岸慈云岭造像弥陀龛龛楣上有文殊骑狮浮雕，在飞来峰造像中不仅第5龛有文殊骑狮浮雕，而且还有文殊菩萨坐像多尊，其中第99龛文殊菩萨还和救度佛母坐像一起作为无量寿佛的左右胁侍出现，这种排列是十分罕见的。

峨眉道场说普贤

——普贤菩萨造像

普贤菩萨梵名“三曼多跋陀罗”，即普遍贤善的意思。也是受到中国佛教信徒普遍信仰的四大菩萨之一。

据《妙法莲华经》说，当释迦佛入灭以后，若有人信奉并诵念《法华经》，普贤菩萨将与诸大菩萨一起出现，使此人身心安稳，不受诸烦恼魔障之侵。而《华严经》则说，善才童子为求菩萨道，曾在文殊菩萨指点下，参访诸善知识，最后来到普贤菩萨处，普贤为他讲述“忏悔业障”、“常随佛学”等十大行愿。随着《法华经》和《华严经》的传播，中国的佛教信徒对普贤菩萨的信奉也十分兴盛。

普贤菩萨的道场在四川峨眉山，这里峰峦叠嶂、气势磅礴、雄秀幽奇，素有“峨眉天下秀”之誉，其顶峰即著名的“金顶”，是观日出、云海和“佛光”的宝地。这里本是道教三十六洞天的第

第 3 龛右胁侍普贤菩萨坐像

七洞天，称“虚灵洞天”，而《华严经》认为普贤住在光明山上，给弟子们讲经说法、普渡众生。《杂花经》更明确宣称普贤曾显相于峨眉山，普渡众生。因此，中国的佛教理论家认为这座光明山就是峨眉山，于是和尚们也看中了这座名山。晋代有慧持和尚从庐山入蜀，在此修建普贤寺，这是峨眉山供奉普贤菩萨之始。逐步发展，后来居上，发展成为普贤菩萨宣讲佛法的道场，全国著名的四大佛教名山之一。

在石刻造像中，普贤菩萨作为真理的象征，专司“理”德，与专司“智慧”的文殊菩萨一起，都是释迦牟尼佛的胁

飞来峰造像第5龛普贤骑象浮雕　北宋乾兴元年(1022)

飞来峰造像第 53 龛金刚萨埵菩萨坐像　元代

慈云岭造像弥陀龛龛楣上的普贤骑象浮雕
五代吴越国

侍菩萨。单独成像的普贤菩萨大多头戴宝冠，身穿菩萨装，坐六牙白象的背上，这是依据《法华经》的记载。该经中说，普贤菩萨曾告诉佛，若有人诵读《法华经》，“我尔时乘六牙白象王，与大菩萨众诣其所，而自现身，供养守护、安慰其心”。

在西湖沿岸，在慈云岭造像弥陀龛龛楣和飞来峰造像第5龛都有普贤菩萨骑象浮雕。飞来峰造像第62龛是根据《法华经》雕成的单独成像的普贤菩萨，而第53龛为金刚萨埵菩萨，据佛经《五秘藏诀》曰：“金刚萨埵者，即是普贤大菩萨异名也。”是一尊西藏密宗的普贤菩萨梵式造像。

飞来峰造像第62龛普贤菩萨骑象造像　元至元二十七年（1290）

观音显圣普陀山

——观世音菩萨造像

观音菩萨的道场在浙江普陀山。据说这个普陀山本是印度的一个海岛，自佛教传入中国后，“观音”及其所住的“普陀山”亦传入中国，但是印度的普陀山距离太遥远了，中国的佛教信徒们想去朝拜十分不易，就在浙江的舟山群岛上替观音找到一处道场，这就是梅岑岛，它位于舟山本岛的东南，风光旖旎，被誉为“海上第一名山”。相传唐时有一个印度僧人在该岛的潮音古洞，为礼拜观音而焚烧十指，洞内忽放异彩，于是这里就被传为观音显圣之地。以后，又有一位日本和尚，从五台山迎奉了一尊观音像，打算从这里登船回国，突遇风暴，船不能行，人们便在这里建了一座“不肯去观音院”供奉此像，该岛的名声更大了。北宋时，宋神宗下令在岛上建宝陀观音寺，把观音作为主神供奉。观音道场正式形成，并称该岛为“普陀洛伽”，

烟霞洞洞口的大势至菩萨立像　五代吴越国

烟霞洞洞口的观音菩萨立像　五代吴越国

飞来峰造像第 4 龛，观音菩萨浮雕　北宋乾兴元年（1022）

飞来峰造像第22龛，水月观音坐像　元代

飞来峰造像第54龛，水月观音坐像　元代

飞来峰造像第92龛，水月观音坐像　元至元二十五年（1288）

飞来峰造像第40龛，四臂观音佛像　元代

这是梵文的音译，其原名反而被湮没了。

观音原名“观世音”，又名“观自在”，意思是说，在芸芸众生受苦受难时，念诵其名，菩萨就会“观”到世上之声而去解救。唐时为避太宗皇帝李世民之讳，略去“世”字，简

飞来峰造像第44龛，数珠观音立像　元代

飞来峰造像第78龛，狮子吼观音坐像　元代

飞来峰造像第33龛，杨柳观音立像　元代

飞来峰造像第90龛，大势至菩萨坐像　元代

称“观音”。

观音原是西方极乐世界教主阿弥陀佛的左胁侍，其职责是协助佛普渡众生到极乐世界去，了却一切烦恼，永远欢乐。随着净土宗在中国广为流传，其地位也逐步升级，成为佛国众菩萨的首席，在妇女信徒心目中的地位甚至超过了释迦佛。

在西湖沿岸的菩萨造像中，以观音菩萨造像数量最多，在慈云岭造像、烟霞洞造像和天龙寺造像中都有观音造像。在飞来峰造像中，不仅有显宗的观音，而且还有西藏密宗的梵式观音造像多尊，例如：四臂观音、狮子吼观音等等造像，都有很高的历史价值和艺术价值。

地藏九华渡众生

——慈云岭造像地藏菩萨龛

地藏菩萨，佛经称其为“安忍不动犹如大地，静虑深密犹如地藏”，故译为地藏。

传说，地藏菩萨原为新罗国（今朝鲜）王子，名金乔觉，自幼出家，于唐玄宗时，泛舟航海来到中国，到安徽九华山苦行修炼，得到闵姓山主的资助。于是，金乔觉在此地收信徒，建佛寺，辟道场。闵姓山主先命其子道明，之后他本人亦随他出家了。金乔觉99岁时在这里圆寂，被认为是地藏菩萨的化身，因此，九华山亦被认为是地藏菩萨的道场，成为与五台山、峨眉山、普陀山齐名的佛教四大名山之一。

据佛经的说法，地藏受释迦之托，在释迦圆寂至未来佛弥勒出世以前的“无佛世界”里，担当起教化众生的重任，任务是救渡地狱里所有罪鬼，地藏在佛前立下誓愿：“地狱未空，誓不成佛。”由

慈云岭造像地藏龛

“六道轮回”浮雕图版

于六道轮回，永无休止，地狱撤空，遥遥无期，地藏也永难成佛。为了救渡众生，使众生能深信因果报应，尊敬“佛、法、僧”三宝，因此，地藏的装饰与一般菩萨不同，不着菩萨装，而是身披袈裟，光头或者戴毗卢冠，作出家僧人之相，其两侧的胁侍就是闵姓山主及其子道明和尚，因道明和尚比其父先出家，故位于上首，“先进山门为大”，即是此意。

慈云岭造像有地藏菩萨龛。地藏菩萨光头大耳作和尚打扮，在其上方的龛楣上浮雕六道轮回，其内容就是宣扬人死以后，将根据其生前善恶，分别轮回到天道、人道、阿修罗道、饿鬼道、畜牲道和地狱道去。

布袋和尚成弥勒

——布袋弥勒造像

布袋弥勒是按照一个名叫契此的中国和尚为原型塑造的，根据《景德传灯录》、《宋高僧传》、《佛祖历代通载》等佛教文献的记载，契此是五代吴越国时期明州奉化县人，自幼在该县大桥镇的岳林寺出家，自称“契此”，号“长汀子

烟霞洞石像（老照片）

飞来峰造像第45龛布袋弥勒造像　元代

布袋僧”，身体肥胖，蹙额皤腹，衣着随便，形如疯癫，出语无定，随处偃卧。经常肩背锡杖，杖上挂一布袋，内藏生活用具，出入城乡，见人便乞，并把乞得的物品装入布袋，当时的人称他为“布袋和尚”。喜欢小儿，时常和他们嬉戏。传说他还能为人预测吉凶，非常灵验，还能预知晴雨，人们都觉得他神秘莫测。后梁贞明三年（917），他端坐在岳林寺一块盘石上，口中念念有词：“弥勒真弥勒，分身千百亿，时时示时人，时人自不识。”便圆寂了，人们便认为他是弥勒佛转世。

因为布袋和尚是浙江奉化人，所以以他为原型塑造的布

飞来峰造像第68龛布袋弥勒和十八罗汉造像　南宋

袋弥勒造像首先在江浙一带的寺院或者石窟中出现。宋崇宁三年（1104），岳林寺住持昙振首先为他建阁塑像。此后，这种笑嘻嘻的胖和尚形象十分讨人喜欢，因此很快流行开来，真的“分身千百亿”，不仅在石窟中出现，在寺院中更被塑造在天王殿的正中，接待八方来客。他的知名度甚至取代了佛教中正统的弥勒佛，名扬四海，妇孺皆知。

飞来峰第68龛布袋弥勒造像从风格上看是南宋作品，当时和布袋和尚经常嬉戏的一群小儿，被艺术家改变成为十八罗汉，围绕在他的周围，这龛造像是现存最古老的布袋弥勒造像之一，具有很高的历史价值和艺术价值。

将军云端拜罗汉

——十六罗汉、十八罗汉和五百罗汉造像

罗汉，全称阿罗汉，是梵文的音译。按佛教的说法，修到了罗汉的境地，已经断尽了三界的一切烦恼，身心清静，应受人天供养，永远不会再投胎转世受所谓“生死轮回”之苦。小乘佛教认为这是修行达到的最高果位。而按大乘佛教说法，罗汉位于佛和菩萨之后，属第三等。

罗汉有十六罗汉、十八罗汉和五百罗汉之别。所谓“十六罗汉”，佛经认为他们是释迦牟尼的十六个弟子，在唐代玄奘翻译的《法住记》里，具体列出了这十六人的名称。相传释迦灭度前，曾嘱托他们，不入灭度，留在人间，护持佛法，直到将来弥勒佛降世。

据《宣和画谱》记载，南朝梁代画家张僧繇画过十六罗汉图一幅。在玄奘《法住记》译出后，有关十六罗汉题材的绘画和塑像就更多了，其中尤以五代贯

飞来峰第24龛玉乳洞十八罗汉第6尊　北宋

烟霞洞内十六罗汉群像　五代吴越国

烟霞洞十六罗汉之一的降龙罗汉

烟霞洞造像十六罗汉之一，心中现佛坐像　五代吴越国

飞来峰造像第 9 龛青林洞十八罗汉　北宋

飞来峰造像第 17 龛青林洞十八罗汉　北宋

飞来峰造像第68龛布袋弥勒两侧的十八罗汉（局部） 南宋

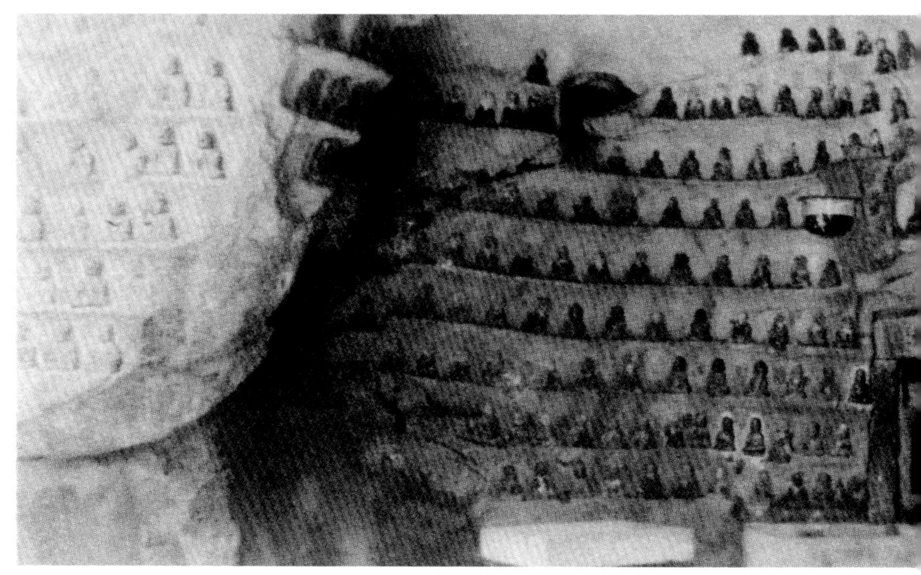

石屋洞石像，洞内旧镌小罗汉五百五十六尊，太平军入杭时头皆被人凿去（老照片）

烟霞洞十六罗汉之一的禅定罗汉和武士供养人　五代吴越国

飞来峰造像第24龛玉乳洞十八罗汉　北宋

飞来峰造像第14龛，青林洞小罗汉群像　北宋咸平三至六年(1000—1003)

休和尚画十六罗汉像最为著名，胡貌梵相，姿态各异，为传世名作。

南高峰烟霞洞造像的十六罗汉，或降龙，或伏虎，或横眉怒目，或沉思冥想，神态各异，形象生动。在洞口第一尊禅定罗汉与武士供养人之间有题记："吴延爽舍三十千造此罗汉。"这个吴延爽系吴越国王钱元瓘妃子吴汉月的弟弟，由此可见这铺十六罗汉应是五代吴越国中期的作品。站在禅定罗汉前方的武士供养人，是一位作武士装饰的年轻将军，应是吴延爽的自造像，他手捧经盒，站立在云端上，向罗汉虔诚礼拜。

在飞来峰造像中还有北宋十八罗汉3龛，即青林洞内的第9龛、第17龛和玉乳洞内的第24龛。南宋十八罗汉一龛，

即第68龛布袋弥勒两侧的十八罗汉。十八罗汉的出现与画家、艺术家们的创作发挥有关，没有什么经典依据，因此，后加的两位罗汉的名称众说不一，有的说是《法住记》的作者庆友和译者玄奘，有的说是重复第一位罗汉宾度罗尊者和庆友。明清以后，甚至把布袋和尚也加入到十八罗汉的行列中。

明清时，佛教寺院中还流行五百罗汉的题材。五百罗汉的说法有四，其中一说他们是跟随释迦牟尼听法传道的五百弟子，等等。南宋时有个好事的高道素，想方设法为这五百罗汉落实了名号。其实，“五百”之数是言其多，并非实指。石窟中的五百罗汉是由十八罗汉繁衍而成的，在石屋洞内原有五代后晋至北宋初年平民陆续开凿的罗汉五百余尊，在飞来峰青林洞也有北宋咸平三至六年（1000—1003）平民陆续开凿的小罗汉群像，至今尚剩百余尊，都应是“五百罗汉”。

跋涉葱岭传经路

——飞来峰造像白马驮经、朱士行取经、唐僧取经浮雕

佛教由古印度迦毗罗卫国王子悉达多·乔答摩（即释迦牟尼）创立后，它的经典由口头传诵到书写成文，长时间内逐渐形成繁多的经、律、论三藏。从前3世纪孔雀王朝阿育王开始，佛教逐渐向境外传播，发展为世界性宗教，在许多国家形成各具民族特色的教派。

传入中国的佛教以大乘佛教为主，称北传佛教。西汉哀帝元寿元年（公元前2年），博士弟子秦景宪（景庐），由大月氏使者口授浮屠经，这是佛教传入中国内地之始，但当时仅被看作是神仙方术的一种，知者甚罕。

东汉明帝永平年间，明帝夜梦有金人在庭中飞舞，甚异，闻大臣傅毅言，知西域有佛，于是就派郎中蔡愔等人赴天竺，求浮屠遗范（佛像）。蔡愔等至大月氏，遇沙门摄摩腾与竺法兰，

飞来峰造像 48 龛白马驮经浮雕　北宋

飞来峰造像47龛朱士行取经浮雕　北宋

邀两僧来汉，永平十年（67）到洛阳，明帝为其筑白马寺，两僧共同译出《四十二章经》，为中国汉译佛经之始。至东汉末年，大量佛经被译成汉文，佛教才得到较广泛的传播。

但是，这些最初从古印度等地传入中国的佛典或篇章不全，或传译失真，甚至重要经典漏传，不能满足当时的需求，必须由中国内地的僧人去古印度等地补充引进佛典。三国魏僧人朱士行曾在洛阳讲《小品般若》，感到文句艰涩，难于理解，于甘露五年（260）去于阗（今新疆和田），取得梵本《大品般若经》90章60余万言，这是内地往西域最早求法的僧人。

朱士行以后，内地僧人先后到西域或古印度求取佛典传本，前后逾百余人，其中以唐代高僧玄奘的成就最大。贞观三年（629），他独身一人从长安出发西行，经敦煌和中亚地

飞来峰造像 46 龛唐僧取经浮雕　北宋

区，历尽艰险，到达中印度，入当时印度佛教中心那烂陀寺学习佛经。贞观十九年（645），返回长安，历经17年，行程5万华里，取回佛经600多部。译出大小乘经论75部，是我国古代四大佛学译经家中译作最多的一位。

飞来峰造像中的白马驮经、朱士行取经和唐僧取经三块浮雕用艺术的形式再现了中外高僧传经的艰苦历程。

禅宗六祖衣钵传

——飞来峰造像中的禅宗六祖造像

佛教传入中国后，唐朝时由于统治阶级的重视，得到比较大的发展，并形成许多宗派，其中尤以律宗、华严宗、净土宗、法相宗、密宗、天台宗（亦称法华宗）和禅宗，传播最广，影响较大，各派都有自己的教义、自己的寺院、自己的师徒传承体系。至盛唐时，禅宗大盛，禅宗宣称佛在心中，不在心外，心外的佛全是假佛，只要净心，自悟，心绝妄念，认识到佛性即在心中，就可“顿悟成佛”。禅宗六传至慧能时，去南方广州等地大力弘法，禅宗佛法理论得到进一步发扬光大，压倒了佛教其他各宗派。

禅宗的初祖菩提达摩是这个宗派的创始人，他是古印度南天竺僧人，乘商船远渡重洋，用了3年时间，于梁大通元年（527）抵达中国的广州，又到建康（今南京），受到梁武帝萧衍的召见。梁武帝是一个十分虔诚的佛教徒，见到达摩就吹嘘自己一生造寺、写经、度僧的功德。没有想到达摩竟不以为然地说："陛下如此做法，所得功德只不过是小乘的天人果报而已，离大功德还差得很远。"梁武帝十分不悦，达摩便"一苇渡江"到洛阳嵩山一带传授佛法。他曾在少林寺山上的山洞里，面壁打坐长达9年，影子都印在洞壁上，终于成为禅宗的初祖。慧可是达摩的徒弟，当时，他曾去少林山上访达摩，终夜立积雪中，至天明仍不许入室，慧可乃以刀自断左臂，表示求道之至诚。达摩遂传《楞伽经》四卷，并授以衣钵。慧可遂成为禅宗二祖。慧可传僧璨是为三祖。僧璨传道信，是为四祖。道信传弘忍，是为五祖。

飞来峰造像第28龛禅宗六祖坐像　北宋天圣四年（1026）

飞来峰造像第28龛初祖达摩坐像　北宋天圣四年（1026）

飞来峰造像第28龛六祖慧能坐像　北宋天圣四年（1026）

六祖慧能（638—713）不识字，五祖弘忍命其在碓房舂米。8个月后，弘忍为选嗣需要考验弟子们对禅的理解程度，命各作一偈。

主张渐悟的上座神秀作偈曰："身是菩提树，心如明镜台，时时勤拂拭，莫使染尘埃。"

慧能主张顿悟，让人代书作偈曰："菩提本无树，明镜亦非台，本来无一物，何必惹尘埃。"

弘忍十分赏识慧能对禅的理解，怕人争夺，密授法衣，令其速回岭南。16年后，慧能在韶州（今广东韶关）曹溪宝林寺弘扬禅宗佛法，不仅成为禅宗六祖，还是禅宗南宗的创始人。

飞来峰造像第28龛就是禅宗六祖造像，其中第四尊造像和第三尊造像的上方原来都有北宋天圣四年（1026）的造像题记，分别为"清信弟子杨从简造太祖第一身"和"清信女弟子马氏一娘舍净财造六祖像"。可见他们就是禅宗六祖的初祖达摩和六祖慧能。

梵式女神诸佛母

——飞来峰造像的救度佛母、尊胜佛母和大白伞盖佛母造像

所谓“梵式”造像，是指元代尼泊尔艺术家阿尼哥引进内地的一种造型新颖、题材特殊的西藏密宗造像。这种藏密造像兴起于西藏，元代时流行于大都（今北京）一带，并迅速向全国传播，但经过700多年的人世沧桑，我国内地的梵像多已不存，唯在杭州飞来峰造像中，尚存数十尊，且形状硕大，雕刻精美，实为难得。

飞来峰造像的藏密梵式造像中，有佛（包括菩萨装的佛）、菩萨、佛母、护法和上师等。佛母原指释迦牟尼佛的母亲摩耶夫人，以及抚养他长大成人的姨母大爱道。以后泛指古印度神话和其他宗教中具备母德的女性天神，甚至包括一些男性神祇的配偶或胁侍等等。在飞来峰造像中的佛母有救度佛母、尊胜佛母、大白伞盖佛母等。救度佛母有21位身色不同的形象，其中

飞来峰造像第 76 龛，救度佛母坐像　元代

飞来峰造像第100龛，救度佛母坐像　元代

飞来峰造像第 84 龛尊胜佛母　元代

飞来峰造像第52龛大白伞盖佛母　元代

飞来峰造像第80龛菩萨坐像　　元代

以白度母和绿度母最常见。白度母的双手、双足和额上皆有眼，故称七眼女。绿度母全身绿色，据说供奉她能解除狮、象、蛇、水、火、牢狱等八难，故又称救八难度母。尊胜佛母和大白伞盖佛母也都是救苦救难，受人爱戴的女性天神，她们的服饰和藏传佛教的文殊、普贤、观音等女性菩萨一样，也是头戴敞顶五叶宝冠，冠侧宝缯作S形飞扬，馒头形或圆锥形高发髻，耳挂圆形优钵罗花（红莲花）珥铛，大而醒目，帔帛绕肘下垂后，又向身后两侧升腾而起，贴附在龛壁上，轻盈灵动。有的佛母上身赤裸，双乳丰满，细腰肥臀，体态窈窕，女性特征十分明显。这种佛母除常见的一面双臂者外，还有一面四臂或三面八臂的。有的每面有三目（眉间也有一目），题材较汉式造像复杂。

二十诸天护佛法

——韦陀天和摩利支天等造像

我国很多佛寺的大殿中，在佛的两侧塑有二十诸天。二十诸天也称二十天。这里所谓的“天”，并不是自然界的“天”，而是“天神”的别名。古印度神话和其他宗教里的一些天神，也有称为“天”的，后来被佛教吸收，成为佛教的护法天神。随着佛教的发展，天的队伍越来越大，发展成为“二十诸天”，即：

1. 大梵天　2. 帝释天
3. 多闻天　4. 持国天
5. 增长天　6. 广目天
7. 金刚密迹　8. 大自在天
9. 散脂大将　10. 大辩才天
11. 大功德天　12. 韦驮天
13. 坚牢地神　14. 菩提树神
15. 鬼子母　16. 摩利支天
17. 日宫天子　18. 月宫天子
19. 婆竭龙王　20. 阎魔罗王

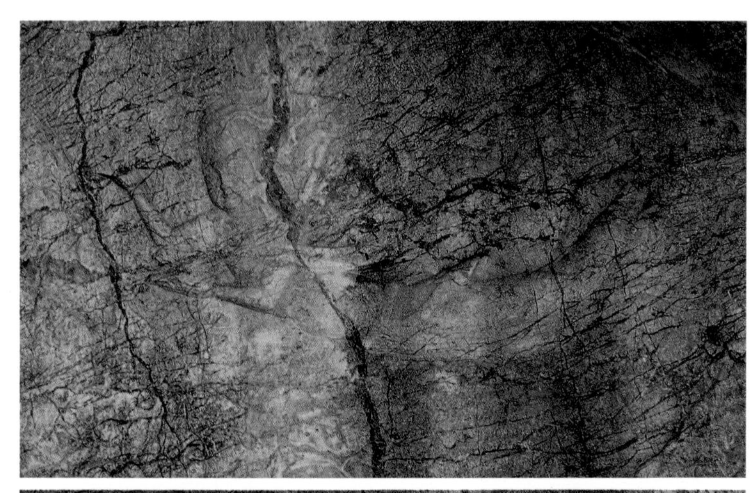

慈云岭造像弥陀龛飞天　五代吴越国

事实上，天的数量远远超过20尊，例如：山西大同云冈石窟第8窟的窟门两侧，雕有骑牛的摩硫首罗天的和骑金翅鸟的鸠摩罗天。除此以外，在许多石窟中还有飞天、伎乐天、供养天等等。

飞来峰造像第 70 龛摩利支天骑猪像　　元代

飞来峰造像第79龛摩利支天骑猪像　元代

飞来峰造像第32龛金刚手菩萨　元至元二十九年（1292）

飞来峰造像第35龛韦陀天　元代

飞来峰造像第95龛韦天将军　元代

飞来峰造像第84龛四金刚力士　元代

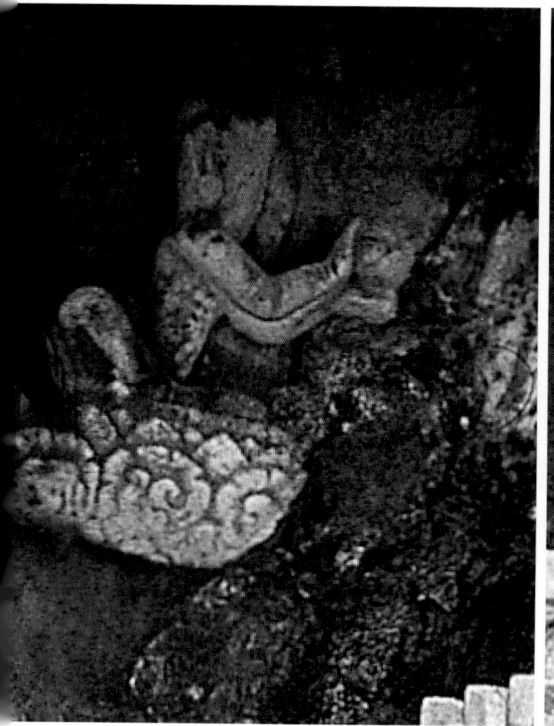

飞来峰造像第84龛飞天像　元代

在西湖周围的石刻造像中，宝成寺的麻曷葛剌即大黑天，飞来峰也有多闻天、摩利支天、韦陀天等造像。

韦陀天作武将形象，手执金刚杵，或以杵拄地，或双手合十，将杵搁于肘间。他本是婆罗门教神话中的天神，后被佛教吸收为二十诸天之一，在中国佛教寺院中称韦陀菩萨，放置在天王殿中，布袋和尚的背后，面对大雄宝殿。另外，在佛教造像中还有一位韦天将军，是南方增长天王的八大神将之一，位居护法四天王手下三十二神将之首，而有人认为韦

飞来峰造像第1龛托塔天王立像　明代

天将军就是韦驮天。

摩利支天是一位女性天神，和藏传佛教的女性菩萨一样，身披天衣，头戴五叶宝冠，坐在猪背的莲座上。据《摩利支天菩萨经》曰：“摩利支菩萨坐金色猪身之上，身着白衣，顶戴宝塔，左手执无忧相华枝，复有群猪围绕。”此像与佛教仪轨符合。

在西湖沿岸的石刻造像中也有飞天、伎乐天等造像。除此以外，在慈云岭造像弥陀龛、天龙寺造像弥勒龛等佛龛中都有左右天王。飞来峰造像中还有金刚手菩萨等造像，都属“天”的成员，也是护法天王。

佛国也有财神爷

——多闻天王和布禄金刚造像

财神爷是世人最崇拜的偶像之一。在我国封建时代，人们为了追求美满富裕的生活,顶礼膜拜财神爷十分虔诚,供奉财神爷的财神庙遍布城乡各地。

那么，佛教造像中是否也有财神爷呢？有，佛教虽然标榜六根清静，四大皆空，但它毕竟是人创造的，一些世俗的观念同样会在佛教造像中得到反映。以上已经提到，在飞来峰造像中有一尊宝生佛，密宗说他又叫平等金刚，全身金色,是一位管理一切财宝的财神爷。除此以外，多闻天王和布禄金刚也是这样的财神爷。

多闻天王，梵名音译为“毗沙门天”，与持国天王、增长天王、广目天王合称为四天王,都是二十诸天的成员。据佛教相传,他们各自率领着八大神将,镇守须弥山的四方天下。毗沙门天是北方天王，他在守护佛法的同时，还能经常

飞来峰造像第 75 龛多闻天王骑狮　元至元二十九年(1292)

飞来峰造像第 30 龛布禄金刚坐像　元代

听闻如来说法，所以称之为多闻天（梵语毗沙门即为多闻之意）。他既是护法天神，又兼有施财神性，于渡海行道之际，常常散布财宝金银。骑在卷毛狮上，左手攥着一只口吐串串珠宝的金鼠狼，象征其财富源源不断。由于他掌管着天下无尽的财富和珍宝，所以民间还呼他为“多宝天王”。

布禄金刚又名宝藏神，全称宝藏神大夜叉王，是密宗的财神，据说他掌管着天下无尽的财宝，众生如能信奉他，就可以发财。他大腹便便，面露微笑，在十分富态的身体上披挂着用鲜花串成的璎珞和华蔓。右手握着一颗硕大的如意宝珠，左手攥着一只口吐串串珍珠的金鼠狼，右舒相坐式，右脚下踩着一只大宝螺，头戴用金银珠宝制成的五叶宝冠以及项圈、臂钏、腕钏和脚镯，全身珠光宝气，富贵到了极点。

多闻天王和布禄金刚手中所攥的金鼠狼，佛经《百喻经》中有这样一则故事：古印度有一个人在路上得到一只金鼠狼，十分高兴，像藏宝贝一样，放进怀中。但是在渡河时突然发现这只金鼠狼变成一条毒蛇，由于他非常疼爱这只金鼠狼，便冒着被毒蛇咬死的危险，仍然把它放进怀里，由于他的诚心，这条毒蛇竟然变成了金子。

由此可见，在古印度，金鼠狼就是财富和珍宝的象征。

伤痕累累苗条女

——飞来峰元代造像在明代晚期遭砸的遗迹

杭州飞来峰有元代造像，造像的发起人和主持者杨琏真伽原是一个镇压江南人民的刽子手，被元世祖忽必烈任命为释教江淮都总统以后，不仅放肆搜刮民脂民膏，而且还盗掘绍兴的六个南宋皇帝的陵墓,是一个作恶多端的和尚,江南人民对他恨之入骨。所以从明代嘉靖年间开始，有人以“击杨琏真伽等三髡像”为名，对石刻造像接二连三地进行“斩”、“截头”和“椎碎”。比较严重的有两次：第一次发生在嘉靖二十二年(1543) 二月，据明代文学家田汝成《西湖游览志余》记载:“杭州知府福清陈公仕贤击杨琏真伽等三髡像于飞来峰，枭之灵隐山下。”田汝成为之记曰：“飞来峰有石人三，元之总浮屠杨琏真伽、闽僧闻、剡僧泽像也，盖其生时，刻画诸佛像于石壁，而以已像杂之，到今三百年莫为掊击。至是陈侯见而叱曰：‘髡贼！髡贼！胡为遗恶迹以蔑我名山哉！命斩之。身首异处，闻者莫不雪然称快’。”

第二次是明天启四年（1624），明末清初散文家张岱在《岣嵝山房小记》一文中，回忆少年时代和陈洪绶等人一起在灵隐韬光山下的岣嵝山房读书时，曾对飞来峰的造像进行破坏：“天启甲子（1624）余键户其中者七阅月……日晡必出步冷泉亭、包园、飞来峰。一日，缘溪走看佛像，口口骂杨髡，见一波斯胡坐龙象，蛮女四五献花果，皆裸形，勒石志之，乃真伽像也。余椎落其首，并碎诸蛮女，置溺溲处以报之。”

飞来峰造像第73龛杨琏真伽和闽僧闻、剡僧泽像　元代

飞来峰造像第91龛密理瓦巴和两侍女像　元代

陈仕贤、张岱破坏造像至今遗迹犹存。飞来峰第73龛三和尚像，其头部都有被砸后重新修复的痕迹，陈仕贤砸的应该就是这一龛，这三个和尚就是杨琏真伽和闽僧闻、剡僧泽像。而张岱当年是砸错了，他砸的是第91龛密理瓦巴和两侍女像，这两个侍女体态苗条，服饰华美，可惜已被砸得伤痕累累，残缺不全了。

杨琏真伽虽然是一个恶僧，但石刻造像是一种艺术，尤其是飞来峰的元代造像，不仅造型较大，而且雕刻十分精美，是难得的艺术珍品，应该很好保护。

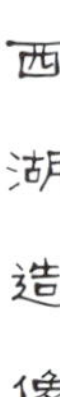

大黑天和迦楼罗

——吴山宝成寺的麻曷葛剌造像

吴山又名城隍山，因位于城中，建国前道观和佛寺林立，日夜香火缭绕，神话传说很多，迷信色彩浓厚。这些神话传说中尤以大黑天显灵的神话具有较高的知名度，经常成为人们茶余饭后聊天的话题。传说南宋末年，元兵攻打临安城，遭到守城宋兵的奋力抵抗，由于“大黑天”显灵，把守军杀得大败。大黑天就是佛教密宗的麻曷葛剌，元朝统治者认为他是军神、战神、胜利之神，对他十分崇拜。至治二年（1322），还特地派遣骠骑卫上将军、左卫亲军都指挥使伯家奴来杭州，在吴山支脉紫阳山东麓半山腰的宝成寺内，雕造了它的石像，这龛造像至今犹存。

麻曷葛剌是梵文的音译，意译为大黑天。他是大自在天的化身，在佛教产生以前，原是古印度神话中的一位天神，以后被佛教吸收为佛教密宗的护法神。

吴山宝成寺麻曷葛剌龛　元至治二年（1322）

随着佛教的进一步发展，大自在天成为二十诸天之一，大黑天被认为是大日如来（即法身佛毗卢遮那佛）降魔除妖时显现的忿怒相，在宝成寺大殿西侧壁上的麻曷葛剌龛内本尊麻曷葛剌金脸赤发，瞪目翘须，作忿怒相，双手捧一个人头，肩上亦挂着人头，袒胸露腹，作箕踞状，脚穿僧鞋，踩在一个仰卧着人的肚皮上。左右胁侍菩萨皆圆脸卷发，蓄小胡髭，一手执法器，另一手亦按着一个人头，分别端坐在青狮和白象的背上。根据佛教密宗的说法，宇宙间有各种各样的魔鬼，为非作歹，危害众生，大黑天及其左右胁侍手中捧的和肩上挂的都是被他们降伏的魔鬼的头。

在麻曷葛剌龛上方的龛楣正中，浮雕迦楼罗鸟三只，皆头戴宝冠，呲牙瞪眼，张开翅膀腾空欲飞，形象也十分狰狞可憎。

吴山宝成寺麻曷葛剌龛麻曷葛剌造像　元至治二年（1322）

吴山宝成寺麻曷葛剌龛左胁侍菩萨　元至治二年（1322）

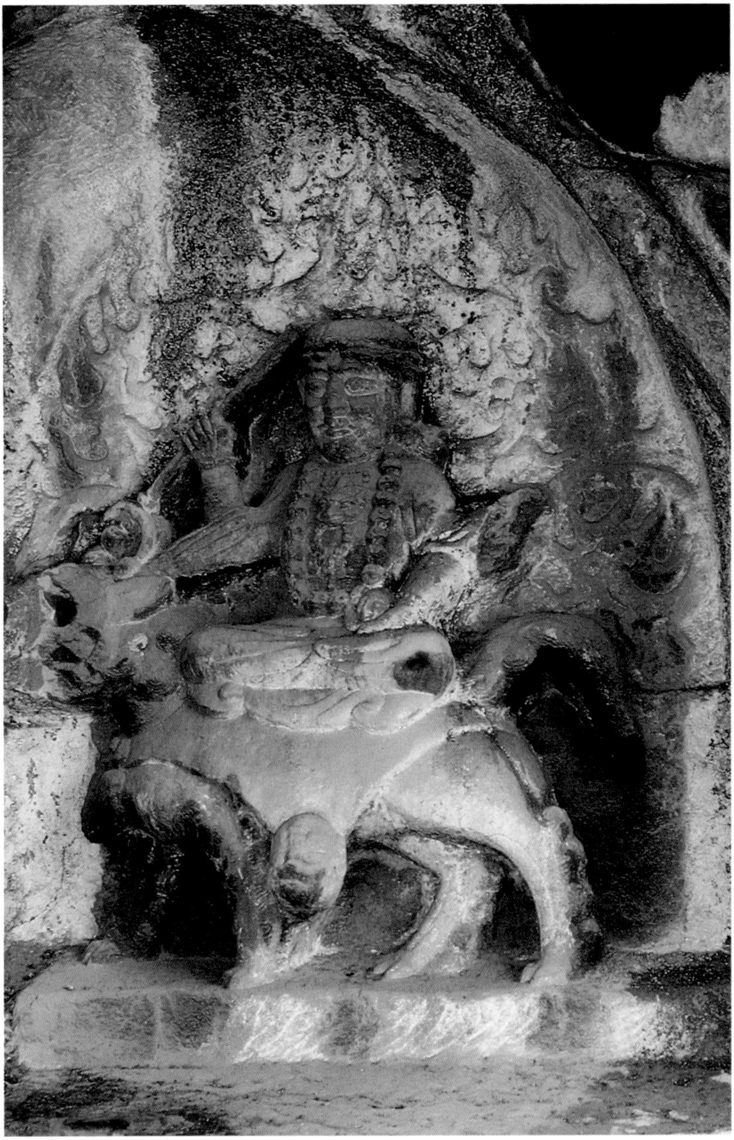

吴山宝成寺麻曷葛剌龛右胁侍菩萨　元至治二年（1322）

吴山宝成寺麻曷葛剌龛迦楼罗鸟　元至治二年（1322）

迦楼罗是梵文的音译，意译为大鹏金翅鸟。根据佛教密宗的说法，他原是栖居在须弥山北部的一种恶鸟，形体硕大而性情凶恶，伸展双翅长三百三十六万里，用这种巨大的翅膀拨开海水，现出海底的龙宫，然后抓食龙族，龙族无处藏身，苦不堪言，只得向佛求救。佛收伏了迦楼罗鸟，使其成为佛法的护法者。高踞龛楣上的三只迦楼罗鸟，正在护卫佛法。

三茅真君驾鹤来

——通玄观的三茅真君及其他道教造像

坐落在杭州市内太庙巷七宝山东麓的通玄观造像，是开凿于南宋初年的道教造像。北宋政权覆亡以后，宋高宗赵构逃亡到杭州，继续遵奉徽宗遗制，大力提倡道教。当时，赵构有位十分宠幸的太监刘敖，要求出家当道士，赵构就命他典领三茅（宁寿）观事。刘敖出家后，宣称自己当夜就梦见三茅真君驾白

通玄观道教造像全景

通玄观三茅真君造像 南宋

鹤而来的事，使这座道观蒙上了神秘的色彩。赵构也是一位道教的狂热信徒，立即准刘敖所奏，在七宝山东麓建造了这座通玄观，并在崖石上开凿了这龛三茅真君造像。

三茅真君即茅盈、茅固、茅衷兄弟三人，都是道教神仙。传说他们是西汉景帝时咸阳人，大茅君茅盈饱学不仕，去句曲山（今江苏句容三茅山）采药炼丹，修身养性，升空成仙，道行不浅，有起死回生之术，人称茅神仙。其弟中茅君茅固官执金吾，小茅君茅衷官五官大夫，都无比羡慕其兄，也想作神仙。于是都辞了官职，从盈得道。太上老君拜茅盈为"司

通玄观元始天尊造像　南宋

命真君”，茅固为“定篆真君”，茅衷为“保生真君”，世称“三茅真君”或“三茅君”。现存七宝山东麓通玄观遗址上的三茅真君龛，内有立像三尊，皆头戴黄冠，身着道袍，足踩祥云，作道教中的天神形象。中间一尊手捧如意，左右两尊拱手而立，其上方有题记“掌吴越司命三茅真君像”。

在这龛三茅真君像的右上方还有一龛元始天尊坐像，头戴黄冠，身着道袍，端坐仰莲座上，作道教最高天神形象，其侧也有题记“玉清元始天尊像”。

在三茅真君像龛的下方还有造像两尊，一尊作道士装饰，旁有题记“皇宋开山鹿泉刘真人像”，显然就是宋高宗赵构的内侍刘敖出家当道士以后所造的像。还有一尊也作道士装饰，其侧也有题记“大明重开山元一徐法师像”，是明朝正德、嘉靖年间自号元一法师、重修通玄观的道士徐道彰的造像。

通玄观刘真人造像　南宋

翁仲石兽伴英灵

——名人墓中和墓前石刻

我国的石刻艺术起源于新石器时代，当时的人们从石器的制作过程中获得雕刻技术的训练。至商周时期，雕刻艺术日趋成熟，出现了很多精美的石刻作品。但是，由于历史的原因，我们现在所见的古代石刻作品，除了塔、经幢、石窟寺造像等等从属于宗教的作品外，就是从属于墓葬的石刻作品，一般多为用于陪葬的明器、墓室装饰、地面神道两侧的石翁仲和石象生等。

五代十国时期，杭州是吴越国的都城，据苏轼撰《表忠观碑》记载："故吴越国王钱氏坟庙及其父祖妃夫人子孙之坟，在钱塘者二十有六，在临安者十有一。"其中有些坟墓，例如吴越国第二代国王钱元瓘及其妃子吴汉月的坟墓都已被发掘。吴汉月（912—952）的墓在1958年发掘后，今原地原状保存。此墓虽早年被盗，但墓内石刻文物尚完好，在前室门扉上雕刻两个侍女立像，头上挽有双髻，髻顶及前发上各饰两朵精美的簪

吴汉月墓青龙石雕　五代吴越国

吴汉月墓石雕　五代吴越国

在岳飞墓墓道出土的石俑　南宋

张煌言墓墓道两侧的石象生　明代

花，容相端丽，眉目传神，身穿斜襟广袖长衣，下身着裙，双手持竿，竿上有旛。中部浮雕“四神”像，即东方青龙、西方白虎、南方朱雀、北方玄武。这“四神”原是古代神话的四方守护神，后为道教所信奉。墓室近底部处有12个壶门式壁龛，分别置放着十二生肖神像，均作道童状。

南宋的岳飞（1103—1142）、明代的于谦（1398—1457）、张煌言（1620—1664）都是我国历史上著名的民族英雄，死后都埋骨于西子湖畔，他们的光辉业绩一直为人们所传颂，因此，人们尊敬地称他们为“西湖三杰”。清代仁和人龚佳育（1652—1685），曾任户部主事、江南布政使等职，其墓至今仍然完好。上述名人墓的神道两旁，都有文臣、武将等石翁仲，以及马、虎、羊等石象生。这些墓前石雕，不仅是陵墓的仪卫，也象征着墓主人生前的权威以及他们对民族的功绩。

于谦墓

岳飞墓远景

龚佳育墓前的石翁仲和石马　清代

慧理华严佛韵长

——明、清和民国时期石塔上的造像

明代时，由于手工业经济的发展，资本主义萌芽的产生，尤其是基督教等外来文化在中国城乡的广泛传播，严重冲击着中国的传统文化，影响着人们的思想意识。杭州地区民间信佛、崇佛的传统文化和造像基础虽然比较浓厚，但是相比之下，已大不如前了，遗留至今的石窟造像寥若晨星。在西湖沿岸的群山里，仅在将台山南观音洞、南高峰无门洞和慈云岭造像观音小龛，以及北山地区的宝石山麓，发现有少许明代造像。

由于相同的原因，从明代以后，群众性的造塔活动也大幅度减少，幸存至今的石塔有：灵隐飞来峰理公塔，建于明万历十八年（1590）；西泠印社华严经塔，建于民国13年（1924）。这些明、清、民国时期的石刻造像，无论是崖石上的造像还是石塔上的造像，也镌刻有各种佛、菩萨、罗汉、护法等造像题材，而

灵隐理公塔　明万历十八年（1590）

灵隐理公塔上佛、菩萨造像　明万历十八年（1590）

西泠印社华严经塔　民国13年（1924）

西泠印社华严经塔十八罗汉造像 民国13年（1924）

种类较以前更丰富了。例如在明代理公塔的第四层出现了东方阿閦鞞佛、南方日月灯佛、北方焰应佛、上方梵音佛、下方狮子佛等佛名。从造像风格看，较以前更世俗化了。

图书在版编目（C I P）数据

西湖造像／王国平总主编．—杭州：杭州出版社，
2006.7
（西湖全书）
ISBN 7-80633-781-4

Ⅰ．西… Ⅱ．王… Ⅲ．石刻造像－简介－杭州市
Ⅳ．K879.3

中国版本图书馆CIP数据核字（2005）第038890号

西湖造像

主编　劳伯敏 高念华

摄影　徐　彬

责任编辑　杨清华
美术编辑　祁睿一
出版发行　杭州出版社（杭州市曙光路133号）
邮政编码　310007　电话：0571-87997719

制　　版　杭州开源数码设备有限公司
印　　刷　杭州长命印刷有限公司
开　　本　880mm×1230mm　1/32
印　　张　5.25
字　　数　125千
版 印 次　2006年7月第1版第1次印刷
书　　号　ISBN 7-80633-781-4/K·94
定　　价　32.00元